bucket list for life

Ausfüllbuch für Träume, Wünsche, Erlebnisse und Lebensziele!

Die Hafenprinzessin

Diese „bucket list" gehört folgende/r/n Person/en:

Name: _____ Vorname: _____

Geburtsdatum: _____ Geburtsort: _____

PLZ/Ort: _____ Straße: _____

E-Mail/Telefon: _____

Name: _____ Vorname: _____

Geburtsdatum: _____ Geburtsort: _____

PLZ/Ort: _____ Straße: _____

E-Mail/Telefon: _____

„bucket list" angelegt am: _____

Impressum

© 2019 youneo projects flick und weber GbR

Verantwortlich

Christian Flick / Mathias Weber

youneo projects flick und weber GbR, Poststraße 1, 49326 Melle

info@youneoprojects.de, www.youneoprojects.de

Herstellung und Verlag

BoD - Books on Demand, Norderstedt

Bildquellen

© Rawpixel.com/shutterstock (Cover), ddok/shutterstock, Orange Vectors/shutterstock

Hafenprinzessin® ist eine eingetragene Marke der youneo projects flick und weber GbR.

ISBN: 9783749481651

bucket point Nr.

Was haben wir vor:

Bis wann wollen wir es planungsgemäß machen:

Was wir dafür benötigen werden:

Ausstattung:

Zeit/Dauer/Tage:

Priorität aus unserer Sicht:

◯ hoch   ◯ mittel   ◯ niedrig

Anmerkungen/Randnotizen:

Notizen und Erlebnisreport zum Selbsteintragen:

bucket point Nr.

Was haben wir vor:

Bis wann wollen wir es planungsgemäß machen:

Was wir dafür benötigen werden:

Ausstattung:

Zeit/Dauer/Tage:

Priorität aus unserer Sicht:

○ hoch   ○ mittel   ○ niedrig

Anmerkungen/Randnotizen:

Notizen und Erlebnisreport zum Selbsteintragen:

bucket point Nr.

Was haben wir vor:

Bis wann wollen wir es planungsgemäß machen:

Was wir dafür benötigen werden:

Ausstattung:

Zeit/Dauer/Tage:

Priorität aus unserer Sicht:

◯ hoch   ◯ mittel   ◯ niedrig

Anmerkungen/Randnotizen:

Notizen und Erlebnisreport zum Selbsteintragen:

bucket point Nr.

Was haben wir vor:

Bis wann wollen wir es planungsgemäß machen:

Was wir dafür benötigen werden:

Ausstattung:

Zeit/Dauer/Tage:

Priorität aus unserer Sicht:

○ hoch   ○ mittel   ○ niedrig

Anmerkungen/Randnotizen:

Notizen und Erlebnisreport zum Selbsteintragen:

bucket point Nr.

Was haben wir vor:

_____

_____

_____

Bis wann wollen wir es planungsgemäß machen:

_____

Was wir dafür benötigen werden:

Ausstattung: _____

Zeit/Dauer/Tage: _____

Priorität aus unserer Sicht:

○ hoch   ○ mittel   ○ niedrig

Anmerkungen/Randnotizen:

_____

_____

_____

_____

Notizen und Erlebnisreport zum Selbsteintragen:

bucket point Nr.

Was haben wir vor:

Bis wann wollen wir es planungsgemäß machen:

Was wir dafür benötigen werden:

Ausstattung:

Zeit/Dauer/Tage:

Priorität aus unserer Sicht:

◯ hoch ◯ mittel ◯ niedrig

Anmerkungen/Randnotizen:

Notizen und Erlebnisreport zum Selbsteintragen:

bucket point Nr.

Was haben wir vor:

_____

_____

_____

Bis wann wollen wir es planungsgemäß machen:

_____

Was wir dafür benötigen werden:

Ausstattung: _____

_____

Zeit/Dauer/Tage: _____

Priorität aus unserer Sicht:

◯ hoch   ◯ mittel   ◯ niedrig

Anmerkungen/Randnotizen:

_____

_____

_____

Notizen und Erlebnisreport zum Selbsteintragen:

bucket point Nr.

Was haben wir vor:

Bis wann wollen wir es planungsgemäß machen:

Was wir dafür benötigen werden:

Ausstattung:

Zeit/Dauer/Tage:

Priorität aus unserer Sicht:

◯ hoch ◯ mittel ◯ niedrig

Anmerkungen/Randnotizen:

Notizen und Erlebnisreport zum Selbsteintragen:

bucket point Nr.

Was haben wir vor:

Bis wann wollen wir es planungsgemäß machen:

Was wir dafür benötigen werden:

Ausstattung:

Zeit/Dauer/Tage:

Priorität aus unserer Sicht:

◯ hoch   ◯ mittel   ◯ niedrig

Anmerkungen/Randnotizen:

Notizen und Erlebnisreport zum Selbsteintragen:

bucket point Nr.

Was haben wir vor:

Bis wann wollen wir es planungsgemäß machen:

Was wir dafür benötigen werden:

Ausstattung:

Zeit/Dauer/Tage:

Priorität aus unserer Sicht:

◯ hoch   ◯ mittel   ◯ niedrig

Anmerkungen/Randnotizen:

Notizen und Erlebnisreport zum Selbsteintragen:

bucket point Nr.

Was haben wir vor:

_____

_____

_____

_____

Bis wann wollen wir es planungsgemäß machen: _____

Was wir dafür benötigen werden:

Ausstattung: _____

Zeit/Dauer/Tage: _____

Priorität aus unserer Sicht:

○ hoch ○ mittel ○ niedrig

Anmerkungen/Randnotizen:

_____

_____

_____

_____

Notizen und Erlebnisreport zum Selbsteintragen:

bucket point Nr.

Was haben wir vor:

Bis wann wollen wir es planungsgemäß machen:

Was wir dafür benötigen werden:

Ausstattung:

Zeit/Dauer/Tage:

Priorität aus unserer Sicht:

○ hoch ○ mittel ○ niedrig

Anmerkungen/Randnotizen:

Notizen und Erlebnisreport zum Selbsteintragen:

bucket point Nr.

Was haben wir vor:

Bis wann wollen wir es planungsgemäß machen:

Was wir dafür benötigen werden:

Ausstattung:

Zeit/Dauer/Tage:

Priorität aus unserer Sicht:

◯ hoch   ◯ mittel   ◯ niedrig

Anmerkungen/Randnotizen:

Notizen und Erlebnisreport zum Selbsteintragen:

bucket point Nr.

Was haben wir vor:

Bis wann wollen wir es planungsgemäß machen:

Was wir dafür benötigen werden:

Ausstattung:

Zeit/Dauer/Tage:

Priorität aus unserer Sicht:

○ hoch   ○ mittel   ○ niedrig

Anmerkungen/Randnotizen:

Notizen und Erlebnisreport zum Selbsteintragen:

bucket point Nr.

Was haben wir vor:

Bis wann wollen wir es planungsgemäß machen:

Was wir dafür benötigen werden:

Ausstattung:

Zeit/Dauer/Tage:

Priorität aus unserer Sicht:

○ hoch   ○ mittel   ○ niedrig

Anmerkungen/Randnotizen:

Notizen und Erlebnisreport zum Selbsteintragen:

bucket point Nr.

Was haben wir vor:

Bis wann wollen wir es planungsgemäß machen:

Was wir dafür benötigen werden:

Ausstattung:

Zeit/Dauer/Tage:

Priorität aus unserer Sicht:

○ hoch   ○ mittel   ○ niedrig

Anmerkungen/Randnotizen:

Notizen und Erlebnisreport zum Selbsteintragen:

bucket point Nr.

Was haben wir vor: _____

_____
_____
_____

Bis wann wollen wir es planungsgemäß machen: _____

Was wir dafür benötigen werden:

Ausstattung: _____

_____

Zeit/Dauer/Tage: _____

Priorität aus unserer Sicht:

○ hoch   ○ mittel   ○ niedrig

Anmerkungen/Randnotizen:

_____
_____
_____
_____

Notizen und Erlebnisreport zum Selbsteintragen:

bucket point Nr.

Was haben wir vor:

Bis wann wollen wir es planungsgemäß machen:

Was wir dafür benötigen werden:

Ausstattung:

Zeit/Dauer/Tage:

Priorität aus unserer Sicht:

○ hoch   ○ mittel   ○ niedrig

Anmerkungen/Randnotizen:

Notizen und Erlebnisreport zum Selbsteintragen:

bucket point Nr.

Was haben wir vor:

Bis wann wollen wir es planungsgemäß machen:

Was wir dafür benötigen werden:

Ausstattung:

Zeit/Dauer/Tage:

Priorität aus unserer Sicht:

○ hoch   ○ mittel   ○ niedrig

Anmerkungen/Randnotizen:

Notizen und Erlebnisreport zum Selbsteintragen:

bucket point Nr.

Was haben wir vor:

Bis wann wollen wir es planungsgemäß machen:

Was wir dafür benötigen werden:

Ausstattung:

Zeit/Dauer/Tage:

Priorität aus unserer Sicht:

○ hoch　　○ mittel　　○ niedrig

Anmerkungen/Randnotizen:

Notizen und Erlebnisreport zum Selbsteintragen:

bucket point Nr.

Was haben wir vor:

_____

_____

_____

_____

Bis wann wollen wir es planungsgemäß machen:

_____

Was wir dafür benötigen werden:

Ausstattung:

_____

Zeit/Dauer/Tage:

_____

Priorität aus unserer Sicht:

○ hoch   ○ mittel   ○ niedrig

Anmerkungen/Randnotizen:

_____

_____

_____

_____

Notizen und Erlebnisreport zum Selbsteintragen:

bucket point Nr.

Was haben wir vor:

Bis wann wollen wir es planungsgemäß machen:

Was wir dafür benötigen werden:

Ausstattung:

Zeit/Dauer/Tage:

Priorität aus unserer Sicht:

○ hoch   ○ mittel   ○ niedrig

Anmerkungen/Randnotizen:

Notizen und Erlebnisreport zum Selbsteintragen:

bucket point Nr.

Was haben wir vor:

Bis wann wollen wir es planungsgemäß machen:

Was wir dafür benötigen werden:

Ausstattung:

Zeit/Dauer/Tage:

Priorität aus unserer Sicht:

○ hoch   ○ mittel   ○ niedrig

Anmerkungen/Randnotizen:

Notizen und Erlebnisreport zum Selbsteintragen:

bucket point Nr.

Was haben wir vor:

Bis wann wollen wir es planungsgemäß machen:

Was wir dafür benötigen werden:

Ausstattung:

Zeit/Dauer/Tage:

Priorität aus unserer Sicht:

○ hoch   ○ mittel   ○ niedrig

Anmerkungen/Randnotizen:

Notizen und Erlebnisreport zum Selbsteintragen:

bucket point Nr.

Was haben wir vor:

Bis wann wollen wir es planungsgemäß machen:

Was wir dafür benötigen werden:

Ausstattung:

Zeit/Dauer/Tage:

Priorität aus unserer Sicht:

◯ hoch ◯ mittel ◯ niedrig

Anmerkungen/Randnotizen:

Notizen und Erlebnisreport zum Selbsteintragen:

bucket point Nr.

Was haben wir vor:

Bis wann wollen wir es planungsgemäß machen:

Was wir dafür benötigen werden:

Ausstattung:

Zeit/Dauer/Tage:

Priorität aus unserer Sicht:

○ hoch   ○ mittel   ○ niedrig

Anmerkungen/Randnotizen:

Notizen und Erlebnisreport zum Selbsteintragen:

bucket point Nr.

Was haben wir vor:

Bis wann wollen wir es planungsgemäß machen:

Was wir dafür benötigen werden:

Ausstattung:

Zeit/Dauer/Tage:

Priorität aus unserer Sicht:

○ hoch   ○ mittel   ○ niedrig

Anmerkungen/Randnotizen:

Notizen und Erlebnisreport zum Selbsteintragen:

bucket point Nr.

Was haben wir vor:

Bis wann wollen wir es planungsgemäß machen:

Was wir dafür benötigen werden:

Ausstattung:

Zeit/Dauer/Tage:

Priorität aus unserer Sicht:

⃝ hoch ⃝ mittel ⃝ niedrig

Anmerkungen/Randnotizen:

Notizen und Erlebnisreport zum Selbsteintragen:

bucket point Nr.

Was haben wir vor:

Bis wann wollen wir es planungsgemäß machen:

Was wir dafür benötigen werden:

Ausstattung:

Zeit/Dauer/Tage:

Priorität aus unserer Sicht:

○ hoch   ○ mittel   ○ niedrig

Anmerkungen/Randnotizen:

Notizen und Erlebnisreport zum Selbsteintragen:

bucket point Nr.

Was haben wir vor:

_____

_____

_____

_____

Bis wann wollen wir es planungsgemäß machen:

_____

Was wir dafür benötigen werden:

Ausstattung:

_____

Zeit/Dauer/Tage:

_____

Priorität aus unserer Sicht:

○ hoch   ○ mittel   ○ niedrig

Anmerkungen/Randnotizen:

_____

_____

_____

_____

Notizen und Erlebnisreport zum Selbsteintragen:

bucket point Nr.

Was haben wir vor:

_____

_____

_____

Bis wann wollen wir es planungsgemäß machen: _____

_____

Was wir dafür benötigen werden:

Ausstattung: _____

_____

Zeit/Dauer/Tage: _____

Priorität aus unserer Sicht:

◯ hoch   ◯ mittel   ◯ niedrig

Anmerkungen/Randnotizen:

_____

_____

_____

Notizen und Erlebnisreport zum Selbsteintragen:

bucket point Nr.

Was haben wir vor:

_____

_____

_____

_____

Bis wann wollen wir es planungsgemäß machen:

_____

Was wir dafür benötigen werden:

Ausstattung: _____

Zeit/Dauer/Tage: _____

Priorität aus unserer Sicht:

○ hoch   ○ mittel   ○ niedrig

Anmerkungen/Randnotizen:

_____

_____

_____

_____

Notizen und Erlebnisreport zum Selbsteintragen:

bucket point Nr.

Was haben wir vor:

Bis wann wollen wir es planungsgemäß machen:

Was wir dafür benötigen werden:

Ausstattung:

Zeit/Dauer/Tage:

Priorität aus unserer Sicht:

○ hoch   ○ mittel   ○ niedrig

Anmerkungen/Randnotizen:

Notizen und Erlebnisreport zum Selbsteintragen:

bucket point Nr.

Was haben wir vor:

Bis wann wollen wir es planungsgemäß machen:

Was wir dafür benötigen werden:

Ausstattung:

Zeit/Dauer/Tage:

Priorität aus unserer Sicht:

○ hoch ○ mittel ○ niedrig

Anmerkungen/Randnotizen:

Notizen und Erlebnisreport zum Selbsteintragen:

bucket point Nr.

Was haben wir vor:

Bis wann wollen wir es planungsgemäß machen:

Was wir dafür benötigen werden:

Ausstattung:

Zeit/Dauer/Tage:

Priorität aus unserer Sicht:

○ hoch   ○ mittel   ○ niedrig

Anmerkungen/Randnotizen:

Notizen und Erlebnisreport zum Selbsteintragen:

bucket point Nr.

Was haben wir vor:

Bis wann wollen wir es planungsgemäß machen:

Was wir dafür benötigen werden:

Ausstattung:

Zeit/Dauer/Tage:

Priorität aus unserer Sicht:

○ hoch   ○ mittel   ○ niedrig

Anmerkungen/Randnotizen:

Notizen und Erlebnisreport zum Selbsteintragen:

bucket point Nr.

Was haben wir vor:

_____

_____

_____

Bis wann wollen wir es planungsgemäß machen:

_____

Was wir dafür benötigen werden:

Ausstattung:

_____

Zeit/Dauer/Tage:

_____

Priorität aus unserer Sicht:

○ hoch ○ mittel ○ niedrig

Anmerkungen/Randnotizen:

_____

_____

_____

_____

Notizen und Erlebnisreport zum Selbsteintragen:

bucket point Nr.

Was haben wir vor:

Bis wann wollen wir es planungsgemäß machen:

Was wir dafür benötigen werden:

Ausstattung:

Zeit/Dauer/Tage:

Priorität aus unserer Sicht:

○ hoch   ○ mittel   ○ niedrig

Anmerkungen/Randnotizen:

Notizen und Erlebnisreport zum Selbsteintragen:

bucket point Nr.

Was haben wir vor:

Bis wann wollen wir es planungsgemäß machen:

Was wir dafür benötigen werden:

Ausstattung:

Zeit/Dauer/Tage:

Priorität aus unserer Sicht:

○ hoch ○ mittel ○ niedrig

Anmerkungen/Randnotizen:

Notizen und Erlebnisreport zum Selbsteintragen:

bucket point Nr.

Was haben wir vor:

Bis wann wollen wir es planungsgemäß machen:

Was wir dafür benötigen werden:

Ausstattung:

Zeit/Dauer/Tage:

Priorität aus unserer Sicht:

○ hoch   ○ mittel   ○ niedrig

Anmerkungen/Randnotizen:

Notizen und Erlebnisreport zum Selbsteintragen:

bucket point Nr. _____

Was haben wir vor: _____
_____
_____
_____

Bis wann wollen wir es planungsgemäß machen: _____

Was wir dafür benötigen werden:

Ausstattung: _____

Zeit/Dauer/Tage: _____

Priorität aus unserer Sicht:

○ hoch   ○ mittel   ○ niedrig

Anmerkungen/Randnotizen:
_____
_____
_____
_____

Notizen und Erlebnisreport zum Selbsteintragen:

bucket point Nr.

Was haben wir vor:

Bis wann wollen wir es planungsgemäß machen:

Was wir dafür benötigen werden:

Ausstattung:

Zeit/Dauer/Tage:

Priorität aus unserer Sicht:

○ hoch   ○ mittel   ○ niedrig

Anmerkungen/Randnotizen:

Notizen und Erlebnisreport zum Selbsteintragen:

bucket point Nr.

Was haben wir vor:

Bis wann wollen wir es planungsgemäß machen:

Was wir dafür benötigen werden:

Ausstattung:

Zeit/Dauer/Tage:

Priorität aus unserer Sicht:

◯ hoch   ◯ mittel   ◯ niedrig

Anmerkungen/Randnotizen:

Notizen und Erlebnisreport zum Selbsteintragen:

bucket point Nr.

Was haben wir vor:

Bis wann wollen wir es planungsgemäß machen:

Was wir dafür benötigen werden:

Ausstattung:

Zeit/Dauer/Tage:

Priorität aus unserer Sicht:

◯ hoch   ◯ mittel   ◯ niedrig

Anmerkungen/Randnotizen:

Notizen und Erlebnisreport zum Selbsteintragen:

bucket point Nr.

Was haben wir vor:

Bis wann wollen wir es planungsgemäß machen:

Was wir dafür benötigen werden:

Ausstattung:

Zeit/Dauer/Tage:

Priorität aus unserer Sicht:

○ hoch   ○ mittel   ○ niedrig

Anmerkungen/Randnotizen:

Notizen und Erlebnisreport zum Selbsteintragen:

bucket point Nr.

Was haben wir vor:

Bis wann wollen wir es planungsgemäß machen:

Was wir dafür benötigen werden:

Ausstattung:

Zeit/Dauer/Tage:

Priorität aus unserer Sicht:

○ hoch   ○ mittel   ○ niedrig

Anmerkungen/Randnotizen:

Notizen und Erlebnisreport zum Selbsteintragen:

bucket point Nr.

Was haben wir vor:

Bis wann wollen wir es planungsgemäß machen:

Was wir dafür benötigen werden:

Ausstattung:

Zeit/Dauer/Tage:

Priorität aus unserer Sicht:

○ hoch   ○ mittel   ○ niedrig

Anmerkungen/Randnotizen:

Notizen und Erlebnisreport zum Selbsteintragen:

bucket point Nr.

Was haben wir vor:

Bis wann wollen wir es planungsgemäß machen:

Was wir dafür benötigen werden:

Ausstattung:

Zeit/Dauer/Tage:

Priorität aus unserer Sicht:

○ hoch   ○ mittel   ○ niedrig

Anmerkungen/Randnotizen:

Notizen und Erlebnisreport zum Selbsteintragen:

bucket point Nr. _____

Was haben wir vor: _____
_____
_____
_____

Bis wann wollen wir es planungsgemäß machen: _____

Was wir dafür benötigen werden:

Ausstattung: _____
_____

Zeit/Dauer/Tage: _____

Priorität aus unserer Sicht:

◯ hoch   ◯ mittel   ◯ niedrig

Anmerkungen/Randnotizen:
_____
_____
_____
_____

Notizen und Erlebnisreport zum Selbsteintragen:

bucket point Nr.

Was haben wir vor:

_____

_____

_____

_____

Bis wann wollen wir es planungsgemäß machen:

_____

Was wir dafür benötigen werden:

Ausstattung: _____

_____

Zeit/Dauer/Tage: _____

Priorität aus unserer Sicht:

○ hoch   ○ mittel   ○ niedrig

Anmerkungen/Randnotizen:

_____

_____

_____

_____

Notizen und Erlebnisreport zum Selbsteintragen:

bucket point Nr.

Was haben wir vor:

Bis wann wollen wir es planungsgemäß machen:

Was wir dafür benötigen werden:

Ausstattung:

Zeit/Dauer/Tage:

Priorität aus unserer Sicht:

○ hoch   ○ mittel   ○ niedrig

Anmerkungen/Randnotizen:

Notizen und Erlebnisreport zum Selbsteintragen:

bucket point Nr.

Was haben wir vor:

Bis wann wollen wir es planungsgemäß machen:

Was wir dafür benötigen werden:

Ausstattung:

Zeit/Dauer/Tage:

Priorität aus unserer Sicht:

◯ hoch   ◯ mittel   ◯ niedrig

Anmerkungen/Randnotizen:

Notizen und Erlebnisreport zum Selbsteintragen: